DIVERTISSEMENT
POUR LE RETOUR DU ROY
A VERSAILLES.

MIS EN MVSIQVE

Par Monsieur DE BOESSET, Sur-Intendant
de sa Musique.

*REPRESENTE'
DEVANT SA MAJESTE'*
Le   Octobre 1687.

A PARIS,

Par CHRISTOPHE BALLARD, seul Imprimeur du Roy
pour la Musique, ruë S. Jean de Beauvais
au Mont Parnasse.

───────────────

M. DC. LXXXVII.

ACTEURS.

ÉPHIRÉ, *La Nymphe de Versailles.*

ÉNAYS, *La Nymphe de la Seine.*

GLAUQUE, *Le Dieu du Canal.*

CYDIPE, *La Nymphe de Trianon.*

FAUNUS, *Dieu des Bois.*

TROUPE *de Sylvains & de Dryades.*

TROUPE *de Tritons & de Nayades.*

PROLOGUE.

EPHIRE', Nymphe de Versailles.

BEaux lieux, l'étonemēt de cent peuples divers,
Et qui malgré l'éclat de vostre pompe extrême,
Respondez mal encore à la grandeur suprême
D'vn Roy qui de son Nom remplit tout l'Vnivers.

  Reprenez tous vos charmes
  Vaste & Noble Palais,
  Nos vœux sont satisfaits
  Ce jour finit nos larmes.

Le Heros qui fait seul l'ornement de ces lieux
  Ranime tout par sa presence.
Palais, qui luy devez vostre magnificence,
Redoublez vos attraits pour attirer ses yeux.

O vous, mes fidelles Compagnes!
Et vous, Dieux qui suivez ma Cour,
Nymphes des Eaux & des Campagnes,
Venez dans ce charmant Séjour
Celebrer son heureux retour.

Le Chœur.

Allons dans ce charmant Séjour
Celebrer son heureux retour.

Une divinité des Eaux.

Mille fleurs à l'envy naissent sur nos rivages,
Nos costeaux sont exemts des vents & des orages,
Et le Soleil plus pur nous donne un plus beau jour.

Le Chœur.

Allons dans ce charmant Séjour
Celebrer son heureux retour.

Une divinité des Bois.

Nos jardins sont plus beaux, plus verds sont nos bocages,
Les Oyseaux dans les Airs font de plus doux ramages,
Et chantent mieux l'Amour.

Le Chœur.

Allons dans ce charmant Séjour
Celebrer son heureux retour.

SCENE

SCENE PREMIERE.

NAYS, Nymphe de la Seine. FAUNUS, divinité des Bois.

FAUNUS.

ARrestez, arrestez inconstante, inhumaine,
  Regardez un fidelle Amant,
Autrefois plus sensible à mon cruel tourment
Vous partagiez le pois d'une amoureuse chaîne.

NAYS.

Ie ne suis plus sensible aux charmes de l'Amour
I'efface avec plaisir la trace de ma flame,
Un soin plus important flate à present mon Ame,
Et m'occupe en ces lieux, & la nuit & le jour.

  Depuis qu'un Heros favorable
Eslevant jusqu'au Ciel mille secrets Canaux,
  Me fait couler par des chemins nouveaux
Pour attirer mon Onde en ce Séjour aimable.

L'homage & les respects du plus puissant des Dieux
Ne pouroient pas me satisfaire,
Et lors que l'on cherche à luy plaire
Peut-on chercher de plaire à d'autres yeux ?

FAUNUS.

Ne cachez point vostre inconstance
Sous cette trompeuse apparence.
Vous estes en naissant instruite à des destours,
On ne me seduit point avec de vains discours.

Cessez de m'abuser, cessez de vous contraindre,
L'Amour a trop sçeu vous toûcher;
Quand on ne le sent pas on ne sçauroit le feindre,
Et quand on le ressent on ne peut le cacher.

NAYS.

Un Amant est seduit, plus souvent qu'il ne pense.
N'en croyez pas toûjours vos yeux
Depuis que je suis dans ces lieux,
Ie connois par experience,
Qu'on se trompe aisément quand on croit l'apparence.

FAUNUS.

Ah! gardez ces déguisements
Pour de plus credules Amants,
Vostre Cœur pour Glauque soupire.

Ce Dieu sur le Canal tient son suprême Empire,
Tous les Dieux des ruisseaux,
Les Nymphes des Fontaines,
Par de secretes veines
Vont luy porter leurs Eaux.

Vous bruslez de mesler vos flots avec son Onde
Pour flater vostre vanité ;
Mais ce Dieu fier d'avoir porté,
Le plus grand Monarque du monde
Regarde avec mépris la plus vaine beauté :
Craignez que son Amour à vos vœux ne réponde,
Si vous craignez les maux d'une infidelité.

NAYS.

Mon inconstance naturelle
Excuse assez mon changement,
Et quand on peut changer pour un si noble Amant,
Est-ce un crime d'estre infidelle.

FAUNUS.

Que ce discours est plein de cruauté,
Autrefois, quand je sçeus vous plaire
L'aveu de vostre Amour vous cousta tant à faire ;
Ah ! faut-il que celuy d'une infidelité
Vous ayt si peu cousté ?

Contre-vous je voudrois m'animer
Mais mon couroux est inutile,
Ah ! que n'est-il aussi facile
De vous haïr que de vous aimer.

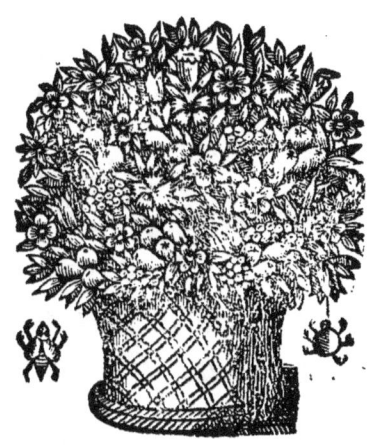

PREMIER INTERMEDE.

TROUPE DE SYLVAINS ET DE DRYADES.
UNE DRYADE.

E verrons-nous jamais le temps
Où les Amants seront contents?
Le Chœur.
Ne verrons-nous jamais le temps
Où les Amants seront contents?
LA DRYADE.
Dans nos champs sous nos feüillages,
Leurs soûpirs & leurs pleurs exprimẽt leurs tourmẽts.
Le Chœur.
Ne verrons-nous jamais le temps
Où les Amants seront contents?
LA DRYADE.
Quelques-uns sont trop volages,
Et d'autres sont trop constans.
Le Chœur.
Ne verrons-nous jamais le temps
Où les Amants seront contents?

DEUX DRYADES.

*Gardons bien noſtre cœur
Des charmes de l'Amour, cherchons à le deffendre;
Mais helas! par malheur
Si nous l'avons donné; ſongeons à le reprendre.*

UN SYLVAIN.

*Non, jamais dans mon cœur l'Amour n'aura de place,
L'Automne a moins de fruits, le Printemps moins de fleurs
L'Eſté moins de moiſſōs, & l'Hyver moins de glace,
Que l'Amour de rigueurs.*

Le Chœur repete ces trois derniers Vers.

SCENE SECONDE.

CYDIPE, Nymphe de Trianon.

*Aimable liberté, preſſez voſtre retour,
Venez me vanger de l'Amour.
Revenez avec tous vos charmes
Calmez le trouble de mon cœur,
Helas! où trouve t'on des armes
Contre l'Amour vainqueur.*

Ie renonce aux doux nœuds dont l'*Amour* nous enchaîne,
Il en couſte trop de ſoûpirs,
Mon cœur ne veut d'autres plaiſirs
Que d'eſtre exempt de peine.

Aimable liberté preſſez voſtre retour,
Venez me vanger de l'*Amour*.

SCENE TROISIE'ME.

GLAUQUE, Dieu du Canal. CYDIPE,

CYDIPE.

VOus m'aviez tant promis de n'eſtre point volage
Ie m'aſſeûrois ſur vos ſerments,
Contente de mes feux je refuſois l'homage
Que m'offroient en vain mille *Amants*.

Nous ne pouvons aſſez taire
L'*Amour* qui ſçait nous engager,
Quand un *Amant* eſt ſeûr de plaire
Il croit n'avoir plus rien à faire,
Qu'à le dire & qu'à changer.

GLAUQUE.

Autant que je l'ay pû, mon cœur tendre & fidelle
A bruflé des ardeurs dont vous brufliez pour moy;
Mais enfin du Deſtin l'inévitable loy
M'ordonne de porter une chaîne nouvelle.

CYDIPE.

Sur la foy d'un calme flateur,
Ie vous croyois l'Amant le plus conſtant du monde
Vos flots eſtoient toûjours dans une paix profonde,
Malgré les vents & leur fureur;
Aurois-je crû que voſtre cœur
Fût plus inconſtant que voſtre Onde.

Pour venir prés de moy, vous formiez un détour
Vous étendiez vos Eaux au pied de mes bocages,
Et l'on vous voyoit chaque jour
Au milieu des Tritons, qui formoient voſtre Cour;
Floter fur les rivages
Les plus voifins de mon Séjour,
Helas! tout difparoiſt, & l'Amant & l'Amour.

GLAUQUE.

Quels que foient les attraits d'une nouvelle chaîne,
Ie n'aurois point brifé des liens fi charmants
Si la puiffance Souveraine,
D'un Heros qui commande à tous les Eflements
N'avoit uny mon fort à celuy de la Seine.

CYDIPE.

CYDIPE.

Infidelle, es-ce là l'effet de vos serments.
Haîne, couroux, dépit, armez vostre puissance
Venez tous dans mon Cœur, en ce funeste jour.
   Ah! ne soûpirons plus d'Amour,
   Ne respirons que la vengeance.

Tirans impetueux, des Ondes & des Airs,
   Qui soulevez l'Empire humide
Laissez, laissez regner le calme sur les Mers,
Et n'armez vos fureurs que contre ce perfide.

   Mais ou m'emporte ma douleur
Que dis-je? helas! Aquilons que j'implore,
   Ah! suspendez vostre fureur,
Cét ingrat, ce volage helas! je l'aime encore,
Et de tout mon couroux mon Amour est vainqueur.

   Dans la vengeance
   Que l'on gousteroit de douceur,
Si ce cruel secours, calmoit la violence
   Des feux qui devorent un Cœur.
Mais l'on prend bien souvent une nouvelle ardeur
   Dans la vengeance.

GLAUQUE.

Ne soupirez plus, vangez-vous
   D'un Amant infidelle,
L'Amour a t'-il rien de plus doux
Qu'une inconstance mutuelle.

CYDIPE.

*Cephise, dans ces lieux precipite ses pas ;
Les Monts & les Rochers, ne la retardent pas.
Elle y vient servir ma vengeance
D'une rivale qui m'offence
Elle effacera les appas,
Je ne veux me vanger que par vostre inconstance.

GLAUQUE.

Je ne vivray jamais sous de nouvelles loix,
Il m'en a trop cousté pour changer une fois.

CYDIPE.

Non, non vous l'aimerez sans peine
Je ne redoutois qu'elle, helas, dans mes Amours
Elle ignore tous les détours,
Où l'on voit s'égarer la Seine
Lors qu'il faut vers ces lieux se faire un nouveau cours.

GLAUQUE. CYDIPE.

Cydipe. { Ne soûpirons plus, vangeons nous ;
Glauque. { Ne soûpirez plus, vangez-vous ;
D'un Amant infidelle.
L'Amour à t'-il rien de plus doux
Qu'une inconstance mutuelle.

SECOND INTERMEDE.

TROUPE DE NAYADES ET DE TRITONS.
UN TRITON.

'*Amour a droit de blesser tout le monde,*
Il est le maistre de nos Cœurs.

Le Chœur.

L'Amour a droit de blesser tout le monde,
Il est le maistre de nos Cœurs.

LE TRITON.

Nous ressentons ses trais Vainqueurs,
Jusques au fond de l'Onde.

Le Chœur.

L'Amour a droit de blesser tout le monde,
Il est le maistre de nos Cœurs.

LE TRITON.
Plus on s'opose à ses ardeurs,
Et plus sa blessure est profonde.
Le Chœur.
L'Amour à droit de blesser tout le monde,
Il est le maistre de nos Cœurs.
Un Suivant de GLAUQUE.
Jeunes Cœurs à l'Amour venez, rendre les armes,
Venez vous offrir à ses coups ;
Quand on à sçeu gouster des plaisirs aussi doux,
Quel autre plaisir a de charmes.
UNE NAYADE.
Si l'on est insensible à tout autre desir,
Quand l'Amour une fois nous lie ;
Ie ne veux plus aimer, helas ! qu'elle folie
De renoncer pour un plaisir,
A tous les plaisirs de la vie.
Chœur de NAYADES.
Qu'elle folie,
De renoncer pour un plaisir
A tous les plaisirs de la vie.
UN TRITON.
Sans desir, sans Amour, tout lasse, tout ennuye.
Le Chœur.
Qu'elle folie,
De renoncer pour un plaisir
A tous les plaisirs de la vie.

Une

UNE NAYADE.

Tout ressent de l'Amour, les plus vives ardeurs;
Le Zephir aime Flore,
Et la vermeille Aurore;
Brillante de mille couleurs
Vient moins pour faire éclore,
Tant de charmantes fleurs;
Que pour voir l'Objet qu'elle adore.

UNE NAYADE.

Lors que j'auray le cœur
Sans amoureuse ardeur,
Les ruisseaux plaintifs dans la plaine,
Oubliant leur route & leur cours;
Ne suivront plus, par de secrets détours
Le doux penchant qui les entraine;

Le Chœur.

Rendons-nous à l'Amour offrons-nous à ses coups,
Suivons un si charmant Empire;
Si quelque-fois on y soûpire,
Ses plaisirs n'en sont que plus doux.

SCENE TROISIE'ME.

GLAUQUE, Dieu du Canal. NAYS, Nymphe de la Seine.

Ensemble. { *Aimons-nous, aimons-nous*
Suivons une si belle envie,
Et voyons finir nostre vie
Plustot que cét Amour, qui m'unit avec vous
Aimons-nous, aimons-nous.

NAYS.

Contre des feux si beaux qu'en vain s'arme l'envie,
Et laissons gemir les Ialoux.

Ensemble.

Aimons-nous, aimons-nous.

GLAUQUE.

Admirons chaque jour le Heros qui nous lie,
Faisons de le charmer nostre employ le plus doux.

Ensemble.

Aimons-nous, aimons-nous.

N A Y S.

*Ne craignez point que je fois infidelle,
Neptune m'offriroit fon Empire & fon Cœur;
Que je méprifrois Neptune & fon ardeur,
Pour conferver une flame fi belle.*

G L A U Q U E.

*Pour rendre mon Cœur inconſtant
Thetis viendroit m'offrir les Eaux dont elle abonde,
Ses atraits feroient vains, & je fuis plus content
D'obtenir voſtre Cœur, que l'Empire de l'Onde.*

N A Y S.

*Helas ! fi voſtre Cœur,
Ceſſoit d'eſtre fidelle.*

G L A U Q U E.

*Si d'une Amour nouvelle,
Vous reſſentiez l'ardeur.*

N A Y S.

*On ne me verroit plus ferpentant dans les plaines,
Faire couler mes Eaux, & remplir les Fontaines;
Par mille agreables détours.
On n'entendroit plus mon murmure,
Et les prez qui bordent mon cours;
Languiroient triſtement fans fleurs & fans verdure.*

GLAUQUE.

Si vous m'arrachiez voſtre Cœur
Ie r'entrerois bien-toſt dans mes Grottes profondes,
Et malgré les tributs qu'on aporte à mes Ondes,
On me verroit ſeicher, & tarir de douleur.

DEUX TRITONS.

Pour prevenir cette peine cruelle
Que vos Cœurs ſoient unis d'une chaîne éternelle,
 Gouſtez l'Amour & ſes atraits
 Aimez-vous à jamais.

TROISIESME INTERMEDE.

TROUPE DE NYMPHES, DE BERGERS, DE FAUNES, ET DE NAYADES.

LE CHOEUR.

*Oustez l'Amour & ses atraits*
Aimez-vous à jamais.

GLAUQUE.

Vous que je tiens soumis à mon obeïssance,
Dieux des fleuves & des ruisseaux;
Meslez à nos Concerts le doux bruit de vos Eaux,
Chantez l'Amour & sa puissance.

Le Chœur.

Chantons, chantons l'Amour & portons nos Concerts,
Dans le milieu des Airs.

F

UNE NAYADE.

Suivez l'ardeur qui vous inspire
Portez avec vos Eaux, l'Amour au sein des Mers.

UNE DRYADE.

Que tout ce qui respire
Soûpire,
Que tout ce qui respire
Porte ses fers.

Le Chœur.

Chantons l'Amour portons ses fers
C'est le Dieu qui peut seul domter tout l'Univers.

FIN.

www.ingramcontent.com/pod-product-compliance
Lightning Source LLC
Chambersburg PA
CBHW070453080426
42451CB00025B/2722